Genussmomente

OSTER BACKBUCH

EMF

EIN BUCH DER
EDITION MICHAEL FISCHER

INHALTS-VERZEICHNIS

MUFFINS & SÜSSE KLEINIGKEITEN

GRUNDLAGEN

HEFETEIG

FÜR 1 ZOPF ODER 1 BACKBLECH

- 500 g Mehl (Type 405)
- 25 g Hefe
- 60 g Zucker
- 250 ml Milch
- Salz
- 1 Ei (Größe M)
- 60 g weiche Butter

SO GEHT'S

1 Das Mehl in eine Schüssel geben und eine Mulde formen. Die Hefe hineinbröseln und etwas Zucker darübergeben. Die Milch in einem Topf auf maximal 37 °C erwärmen und ein wenig davon über die Hefe gießen. Vorsichtig so lange mit einem dünnen Stäbchen verrühren, bis sich die Hefe auflöst. Diesen Vorteig etwa 15 Minuten zugedeckt an einem warmen Ort gehen lassen, bis der Teig deutliche Blasen bildet.

2 Den restlichen Zucker, die restliche Milch sowie 1 TL Salz, Ei und Butter zum Vorteig geben. Zuerst mit den Knethaken eines Handrührgeräts oder einer Küchenmaschine, dann mit den Händen etwa 10 Minuten verkneten. Der Teig sollte sich dann vom Schüsselrand gelöst haben und zurückspringen, wenn man ihn mit dem Finger eindrückt. Abgedeckt an einem warmen Ort etwa 1 Stunde gehen lassen. Dann sollte sich das Volumen des Teiges deutlich vergrößert haben.

3 Nun den Teig nochmals kurz durchkneten und nach Belieben weiterverwenden, beispielsweise als Basis für einen Blechkuchen oder als Zopf. Den Ofen auf 180 °C (Ober-/Unterhitze) vorheizen und den Kuchen etwa 30 Minuten backen.

TIPP

Um dem Hefeteig etwas mehr Aroma zu geben, kann man zum Mehl noch gemahlene Vanille oder Zitronenschale geben. Man kann auch Mandellikör mit den restlichen Zutaten hinzugeben – dann einfach entsprechend weniger Milch verwenden.

BISKUITTEIG

FÜR 1 SPRINGFORM (Ø 26 CM) ODER 1 BACKBLECH

- 150 g Mehl (Type 405)
- 50 g Speisestärke
- 1 TL Backpulver
- 5 Eier (Größe M)
- Salz
- 140 g Zucker, plus etwas zum Stürzen
- 1 Pck. Vanillezucker

SO GEHT'S

1 Den Boden einer Springform (Ø 26 cm) mit Backpapier auslegen. Den Ofen auf 180 °C (Ober-/ Unterhitze) vorheizen.

2 Mehl mit Speisestärke und Backpulver mischen. Beiseitestellen.

3 Die Eier trennen. Das Eiweiß mit 1 Prise Salz mit einem Handrührgerät steif schlagen. Das Eigelb mit dem Zucker und dem Vanillezucker hell und dickcremig aufschlagen. Den Eischnee zum Eigelb geben und das Mehl darübersieben. Beides vorsichtig unterheben.

4 Den Teig in die vorbereitete Form geben und im heißen Ofen 30–35 Minuten backen. Die Ofentür in dieser Zeit nicht öffnen. Die Oberfläche des Biskuits sollte am Ende der Backzeit kaum noch glänzen.

5 Den Biskuit aus dem Ofen nehmen und etwa 10 Minuten in der Form abkühlen lassen. Nun den Rand vorsichtig lösen. Eventuell zuerst mit einem scharfen Messer am inneren Springformrand entlangfahren. Wenn der Biskuit vollständig ausgekühlt ist, kann er waagerecht in 2 oder 3 Böden geschnitten werden.

6 Auch für einen Blechkuchen ist der Teig geeignet: Das Blech mit Backpapier auslegen. Den Ofen auf 200 °C (Ober-/Unterhitze) vorheizen und den Kuchen 10–12 Minuten backen. Nach dem Backen sofort auf ein mit Zucker bestreutes Geschirrtuch stürzen und das Backpapier vorsichtig abziehen.

TIPP

Wer sich das Trennen der Eier sparen möchte, kann auch die ganzen Eier 10 Minuten schaumig schlagen. Dann das Mehl darübersieben und unterheben. Das Ergebnis ist ähnlich.

MÜRBETEIG

FÜR 1 RUNDE FORM (Ø 23 CM)

- 150 g Mehl (Type 405)
- Salz
- 1 TL Zucker
- 110 g kalte Butter

SO GEHT'S

1 Das Mehl mit 1 Prise Salz und dem Zucker vermengen.

2 Die kalte Butter in kleine Stückchen schneiden, zum Mehl geben und einarbeiten.

3 60 ml kaltes Wasser hinzugeben und alles zu einem glatten Teig kneten.

4 Den Teig in Frischhaltefolie wickeln und mindestens 30 Minuten bis 2 Tage im Kühlschrank kalt stellen.

RÜHRTEIG

FÜR 1 KASTENFORM (30 CM) ODER 1 BACKBLECH

- 250 g weiche Butter
- 250 g Zucker
- 4 Eier (Größe M), Zimmertemperatur
- 250 g Mehl (Type 405)
- 1 Pck. Backpulver
- 120 ml Milch

SO GEHT'S

1 Die Butter und den Zucker mit einem Handrührgerät so lange verrühren, bis eine hellgelbe Masse entsteht.

2 Die Eier während des Rührvorgangs einzeln hinzugeben und jeweils rühren, bis das Ei eingearbeitet ist.

3 Das Mehl mit dem Backpulver vermengen und abwechselnd mit der Milch zum Teig geben. Alles zu einer gleichmäßigen Masse verrühren.

TIPPS & TRICKS

1 Backpapier schmiegt sich besser an Blech oder Form an, wenn ihr es vorher zusammenknüllt und dann wieder glatt streicht.

2 Das Backpapier rutscht nicht weg, wenn ihr das Blech ein wenig anfeuchtet, bevor ihr es mit Backpapier belegt.

3 Rührteige werden fluffiger, wenn Mineralwasser eingerührt wird.

4 Bei Rührteigen sollte man die Eier immer mindestens 30 Sekunden einzeln unterschlagen.

5 Wird Mürbe- oder Blätterteig für einen Kuchenboden verwendet, vor dem Backen mehrmals mit einer Gabel einstechen.

6 Bei Biskuitteig das Mehl immer sieben. So wird der Teig noch fluffiger.

7 Für einen besonders feinen Biskuitteig einen Teil des Mehls durch Speisestärke oder Vanillepuddingpulver ersetzen.

8 Etwa 5–10 Minuten vor Ende der Backzeit die Stäbchenprobe machen, denn jeder Ofen backt anders. Bleibt noch Teig am Stäbchen hängen, braucht der Kuchen noch etwas Zeit.

9 Hefeteig mag Wärme, aber keine Hitze. Die Hefe immer erst in lauwarmer Flüssigkeit (Milch) und Zucker auflösen, dann die restlichen Zutaten dazugeben. Gut durchkneten. Hefeteig etwa 5–7 Minuten mit der Küchenmaschine durchkneten.

10 Den Hefeteig sollte man immer an einem warmen Ort gehen lassen – abgedeckt, denn Hefe mag keine Zugluft.

11 Frische Hefe hat mehr Triebkraft, aber mit Trockenhefe ist man auf der sicheren Seite.

12 Am besten immer bei Ober- und Unterhitze backen. Bei Umluft können Biskuits und Cupcakes schief werden.

13 Damit Kuchen in der Mitte nicht zu stark aufgehen, kann man den Teig am Rand ein wenig hochziehen.

14 Damit Eiweiß wirklich steif wird, sollte die Schüssel fett- und eigelbfrei sein. Man kann die Schüssel vorher auch mit einer Zitronenscheibe ausreiben.

15 Natron darf nur kurz unter einen Teig gerührt werden, sonst verliert es seine Wirkkraft. Teige mit Natron also zügig in den Ofen schieben.

16 Auch Teige mit Backpulver sollten am besten sofort gebacken werden.

17 Biskuitteig muss ebenfalls schnell in den Backofen, sonst fällt der Eischnee wieder zusammen.

18 Am besten bereitet man Backformen gleich am Anfang vor, dann kann der Teig sofort nach der Zubereitung in die Form oder auf das Backblech und in den Ofen.

REZEPTE

OSTER-
Zopf

FÜR 1 ZOPF

Für den Hefeteig

- 175 g Rosinen
- 6 EL Rum oder Amaretto
- 500 g Mehl (Type 405)
- ½ TL gemahlene Vanille
- Schale von 1 Bio-Zitrone
- 30 g frische Hefe
- 70 g Zucker
- 225 ml Milch
- Salz
- 1 Ei (Größe M)
- 1 cl Amaretto
- 100 g weiche Butter

Außerdem

- 1 Eigelb (Größe M)
- 1 EL Milch
- Mandelblättchen und Hagelzucker (nach Belieben)

SO GEHT'S

1 Rosinen über Nacht in Rum oder Amaretto einweichen (mind. 6 Stunden). Dann abtropfen lassen.

2 Für den Hefeteig Mehl, Vanille und Zitronenschale in eine Schüssel geben und eine Mulde hineindrücken. Die Hefe hineinbröckeln, 1 EL Zucker darübergeben. Milch lauwarm erwärmen (max. 37 °C) und ein wenig davon über die Hefe gießen. Mit einem dünnen Stäbchen verrühren, bis sich die Hefe auflöst. Den Vorteig zugedeckt an einem warmen Ort etwa 15 Minuten ruhen lassen, bis er Blasen wirft.

3 Restlichen Zucker, restliche Milch, 1 TL Salz, Ei, Amaretto und Butter zum Vorteig geben. Mit der Küchenmaschine oder den Händen kurz verkneten, die Rosinen hinzugeben und den Teig 10 Minuten kneten. Er sollte sich vom Schüsselrand gelöst haben und zurückspringen, wenn man ihn mit dem Finger eindrückt. Abgedeckt an einem warmen Ort etwa 1 Stunde gehen lassen.

4 Ein Backblech mit Backpapier auslegen. Den Teig nochmals kurz durchkneten, dann in zwei Stücke teilen. Stücke grob zu Rechtecken ziehen, längs aufrollen und zu je 70 cm langen Strängen formen. Die beiden Stränge mittig über Kreuz legen, sodass ein „X“ entsteht, und zu einem Zweistrangzopf flechten. Zopf auf das Backblech legen.

5 Eigelb mit der Milch verquirlen und den Osterzopf damit bestreichen. Nach Belieben mit Mandelblättchen und Hagelzucker verzieren. Zugedeckt nochmals 30 Minuten gehen lassen.

6 Inzwischen den Ofen auf 180 °C (Ober-/Unterhitze) vorheizen. Den Osterzopf 30–35 Minuten goldbraun backen. Herausnehmen und abkühlen lassen.

Oster-
BRIOCHE

FÜR 12 STÜCK

Für den Teig

- 200 ml Milch
- ½ Würfel frische Hefe (21 g)
- 50 g Zucker
- 1 Ei (Größe M)
- 500 g Mehl (Type 405)
- 100 g Butter
- 50 g Rosinen

Außerdem

- 1 Eigelb (Größe M)
- 2 EL Milch
- Mandelblättchen zur Dekoration
- Muffinblech plus Papierförmchen

SO GEHT'S

1 Ein Muffinblech mit Papierförmchen auslegen.

2 Die Milch lauwarm erhitzen (max. 37 °C), dann die Hefe langsam hineinbröckeln. 1 TL Zucker hinzugeben und die Hefe kurz aufgehen lassen.

3 Die Hefemilch, den restlichen Zucker und das Ei zum Mehl geben und mit einem Rührgerät mit Knethaken oder mit der Hand verkneten. Die Butter in kleine Flöckchen schneiden und langsam während des Rührens hineingeben.

4 Wenn alle Zutaten verknetet sind und der Teig sich zu einer Kugel formt, noch etwa 3 Minuten weiterkneten und die Rosinen hineinstreuen. Anschließend den Teig zugedeckt an einem warmen Ort 40 Minuten gehen lassen.

5 Von dem aufgegangenen Teig zwei Drittel entnehmen und 12 Kugeln formen (ca. 60 g pro Kugel). Diese in die Muffinförmchen legen. Aus dem restlichen Teig 12 kleinere Kugeln formen (ca. 20 g pro Kugel) und auf ein Backpapier legen.

6 Alle Teigkugeln nun erneut 20 Minuten gehen lassen. Währenddessen das Eigelb mit Milch verquirlen. Den Ofen auf 180 °C (Umluft) vorheizen. Die Unterseite der kleinen Kugeln mit Eigelb bestreichen und jeweils auf eine größere setzen.

7 Zum Schluss alles mit Eigelb bepinseln und mit Mandelblättchen bestreuen. Die Brioches etwa 15 Minuten goldbraun backen. Abkühlen lassen.

Oster- HEFEKNOTEN

FÜR 12 STÜCK

Für den Teig

- 200 ml Milch
- 1 TL + 50 g Zucker
- 1 Würfel frische Hefe (42 g)
- 500 g Mehl (Type 405)
- 1 Ei (Größe M)
- 100 g weiche Butter

Außerdem

- 30 g Butter
- Zucker zum Wälzen

SO GEHT'S

1 Für den Hefeteig die Milch leicht erwärmen (max. 37 °C) und 1 TL Zucker einrühren. Die Hefe hineinbröseln und ein paar Minuten stehen lassen.

2 Das Mehl mit 50 g Zucker und dem Ei in eine Rührschüssel geben und die gequollene Hefe dazugeben. Den Teig nun verkneten und währenddessen die Butter einarbeiten.

3 Den Teig zugedeckt an einem warmen Ort mindestens 45 Minuten ruhen lassen.

4 Zwei Backbleche mit Backpapier auslegen. Den Teig auf einer bemehlten Arbeitsfläche nochmals kurz kneten und in 12 Teile teilen.

5 Aus diesen jeweils eine Wurst rollen und einmal knoten. Die freien Enden jeweils nach unten und nach oben Richtung Knotenmitte umschlagen und befestigen.

6 Die Knoten auf die Backbleche geben und nochmals kurz ruhen lassen. Währenddessen den Ofen auf 180 °C (Umluft) vorheizen.

7 Die Knoten nun ungefähr 15 Minuten backen. Die Butter in der Zwischenzeit schmelzen lassen und den Zucker in einen Suppenteller geben.

8 Die Knoten mit Butter bestreichen, solange sie noch warm sind, und schnell im Zucker wälzen.

OSTER-
Brot

FÜR CA. 12 PORTIONEN

Für den Hefeteig

- 100 ml + 1 EL Milch
- 50 g Zucker
- 20 g frische Hefe
- 1 TL Salz
- 400 g Mehl (Type 550) plus etwas zum Ausrollen
- 1 Ei (Größe M)
- 100 g weiche Butter
- 200 g Rum-Rosinen
- 1 Eigelb (Größe M)

Für den Zuckerguss

- 80 g Puderzucker
- 2–3 TL Zitronensaft
- Zuckerstreusel
- Baiser-Tropfen

Außerdem

- Springform (Ø 16 cm)

SO GEHT'S

1 Für den Hefeteig 100 ml Milch lauwarm erwärmen (max. 37 °C), dann mit dem Zucker in eine große Schüssel geben und vermischen. Die Hefe hineinbröseln und unter Rühren auflösen. Salz, Mehl, Ei, Butter und Rosinen dazugeben. Mit dem Knethaken der Küchenmaschine 5 Minuten zu einem geschmeidigen Teig kneten. Sollte der Teig noch zu stark kleben, noch etwas Mehl dazugeben.

2 Den Teig in eine saubere Schüssel geben, abdecken und etwa 1 Stunde an einem warmen Ort gehen lassen. Der Teig sollte sich mindestens verdoppelt haben. Den Hefeteig einmal eindrücken und auf einer bemehlten Arbeitsfläche noch einmal durchkneten.

3 Eine Springform mit Backpapier auslegen, auch die Ränder, am besten ca. 3 cm überstehen lassen. Den Teig in die Form setzen und abgedeckt weitere 20 Minuten gehen lassen. Währenddessen den Backofen auf 180 °C (Ober-/Unterhitze) vorheizen.

4 Eigelb und 1 EL Milch verquirlen. Das Osterbrot damit einstreichen und dann ca. 50 Minuten im heißen Backofen goldgelb backen. Die Stäbchenprobe machen. Aus dem Ofen holen, aus der Form lösen und auf einem Kuchengitter abkühlen lassen.

5 Für den Zuckerguss den Puderzucker sieben und mit dem Zitronensaft verrühren. Über das abgekühlte Osterbrot geben, mit Streuseln bestreuen und mit Baiser-Tropfen dekorieren.

QUARK-HEFE-
Teilchen

FÜR CA. 12 STÜCK

Für den Hefeteig

- 200 ml Milch
- 40 g Zucker
- 1 Pck. Trockenhefe
- 1 TL Salz
- 450–500 g Mehl (Type 550) plus etwas zum Ausrollen
- 1 Ei (Größe M)
- 70 g weiche Butter

Für die Füllung

- 350 g Magerquark
- 40 g Speisestärke
- 40 g Zucker
- 2 Eigelb (Größe M)
- 1 TL Vanillepaste
- 1 Handvoll Beeren
- 1 TL Milch

Außerdem

- 2 Backbleche

SO GEHT'S

1 Für den Hefeteig Milch lauwarm erwärmen (max. 37 °C), dann mit dem Zucker in eine große Schüssel geben und vermischen. Hefe, Salz, Mehl, Ei und Butter dazugeben und mit dem Knethaken der Küchenmaschine 5–10 Minuten zu einem geschmeidigen Teig verkneten. Falls der Teig noch etwas zu stark kleben sollte, noch mehr Mehl dazugeben.

2 Den Teig in eine saubere Schüssel füllen, abdecken und etwa 1 Stunde an einem warmen Ort gehen lassen. Der Teig sollte sich mindestens verdoppelt haben. Den Hefeteig einmal eindrücken und auf einer bemehlten Arbeitsfläche (am besten Holz, Marmor wäre zu kalt) noch einmal durchkneten. Zu einer langen Rolle formen und in 12 gleich große Stücke teilen.

3 Die Hefestücke zu Kugeln formen und mit etwas Abstand auf zwei mit Backpapier belegte Backbleche setzen. Abdecken und weitere 20 Minuten gehen lassen. Für die Füllung währenddessen Quark, Speisestärke, Zucker, 1 Eigelb und Vanillepaste glattrühren. Den Backofen auf 180 °C (Ober-/Unterhitze) vorheizen.

4 Mit einem Glas mit geradem (sauberem) Boden eine Mulde in die Mitte der Hefeteilchen drücken, bis tief auf das Backblech. Quarkmischung in die Mulde hineingießen und mit Beeren belegen. Das zweite Eigelb mit Milch verquirlen und die Ränder der Hefeteilchen damit bestreichen. Im heißen Backofen ca. 20 Minuten goldbraun backen. Stäbchenprobe machen. Aus dem Ofen holen und auf einem Kuchengitter abkühlen lassen. Falls nur ein Blech verfügbar ist, in zwei Durchgängen backen.

1/2 tsp
1 tsp

Rhabarber-Erdbeer-
HEFESCHNECKEN

FÜR CA. 16 SCHNECKEN

Für den Hefeteig
- 100 g Butter
- 100 ml Milch
- 80 g Zucker
- 20 g frische Hefe
- 100 ml Eierlikör (Zimmertemperatur)
- ½ TL Salz
- 500 g Mehl (Type 550) plus etwas zum Ausrollen
- 1 Ei

Für die Füllung
- 300 g Rhabarber (ca. 3 Stangen)
- 200 g Erdbeeren
- 100 g Zucker
- 2 EL Speisestärke

Für den Guss
- 80 g Puderzucker (gesiebt)
- 2 EL Eierlikör

SO GEHT'S

1 Für den Hefeteig die Butter zerlassen und etwas abkühlen lassen. Die Milch lauwarm erwärmen (max. 37 °C) und mit dem Zucker in einer großen Schüssel mischen. Die Hefe hineinbröseln und unter Rühren auflösen. Eierlikör unterrühren. Salz und Mehl mischen und mit Butter und dem Ei unter die Hefe-Milch-Mischung rühren.

2 Mit dem Knethaken der Küchenmaschine 5–10 Minuten zu einem geschmeidigen Teig verarbeiten. Den Teig in eine Schüssel füllen, abdecken und ca. 1 Stunde an einem warmen Ort gehen lassen. Der Teig sollte sich mindestens verdoppelt haben.

3 Für die Füllung Rhabarber putzen, waschen und in 1 cm dicke Scheiben schneiden. Erdbeeren waschen, trocken tupfen, entkelchen und würfeln. Erdbeerwürfel und Rhabarberstücke mit Zucker und Speisestärke mischen.

4 Ein Backblech mit Backpapier auslegen. Den Backofen auf 180 °C (Ober-/Unterhitze) vorheizen. Den Hefeteig einmal eindrücken und auf einer bemehlten Arbeitsfläche (am besten Holz, Marmor wäre zu kalt) noch einmal durchkneten.

5 Auf einer bemehlten Arbeitsfläche zu einem Rechteck (40 x 50 cm) ausrollen. Die Fruchtfüllung darauf verteilen. Von der langen Seite aus fest aufrollen. Anschließend quer in 16 gleichmäßige Scheiben schneiden. Diese mit etwas Abstand auf das Backblech legen. Abdecken und weitere 20 Minuten gehen lassen.

6 Im vorgeheizten Backofen ca. 25 Minuten goldbraun backen. Stäbchenprobe machen. Aus dem Ofen holen und auf einem Kuchengitter abkühlen lassen. Aus Puderzucker und Eierlikör einen Guss herstellen. Über die Schnecken gießen und servieren.

PUDDING-
Schnecken

FÜR CA. 14 SCHNECKEN

Für den Pudding

- 2 Pck. Vanillepudding-pulver
- 60 g Zucker
- 750 ml Milch
- 100 g Rosinen

Für den Hefeteig

- 220 ml Milch
- 500 g Mehl (Type 550)
- Salz
- 1 Würfel frische Hefe (42g)
- 60 g Zucker
- 5 Tropfen Buttervanillearoma
- 70 g Butter
- 1 Ei (Größe M)

Für die Streusel

- 100 g Mehl (Type 405)
- 60 g Zucker
- 60 g Butter
- ¼ TL gemahlene Vanille
- 2 Tropfen Buttervanillearoma

Für den Zuckerguss

- Puderzucker

SO GEHT'S

1 Für den Pudding das Pulver mit dem Zucker und 200 ml Milch glatt rühren. Restliche Milch aufkochen und den Pudding nach Packungsanweisung zubereiten. Rosinen unterrühren, den Pudding umfüllen, mit Frischhaltefolie abdecken und auskühlen lassen.

2 Für den Hefeteig die Milch lauwarm erwärmen (max. 37 °C). Das Mehl mit 1 Prise Salz mischen, eine Mulde hineindrücken und die Hefe hineinbröseln. Etwas Zucker und etwas Milch über die Hefe geben und verrühren, bis die Hefe gelöst ist. Dabei etwas Mehl unterrühren. Den Vorteig abgedeckt an einem warmen Ort ca. 20 Minuten gehen lassen, bis er Blasen wirft.

3 Restlichen Zucker, restliche Milch, Aroma, Butter und Ei zum Vorteig geben und zuerst mit den Knethaken des Handrührgeräts, dann mit den Händen 10 Minuten zu einem geschmeidigen Teig verkneten. Den Hefeteig abgedeckt an einem warmen Ort gehen lassen, bis er deutlich an Volumen gewonnen hat (ca. 1 Stunde).

4 Inzwischen die Streusel zubereiten. Dafür alle Zutaten in eine Schüssel geben und mit den Händen zu Streuseln verkneten. Zwei Backbleche mit Backpapier auslegen.

5 Den Hefeteig noch einmal durchkneten, dann auf einer bemehlten Arbeitsfläche zu einem Rechteck (30 x 40 cm) ausrollen. Den Pudding darauf verteilen, dabei an den längeren Enden etwa 2 cm freilassen. Den Teig von der Längsseite aufrollen. In 2–3 cm große Schnecken schneiden. Auf den Backblechen verteilen und mit den Streuseln bestreuen. Abgedeckt 30 Minuten gehen lassen.

6 Den Ofen auf 180 °C (Ober-/Unterhitze) vorheizen. Die Schnecken im Ofen nacheinander auf der mittleren Schiene ca. 20 Minuten goldbraun backen. Herausnehmen und abkühlen lassen. Aus Puderzucker und etwas Wasser einen Guss rühren. Die abgekühlten Puddingschnecken damit bestreichen, trocknen lassen und servieren.

MÖHREN-
Kuchen

FÜR 12 STÜCKE

Für den Teig

- 200 g Äpfel
- 250 g Möhren
- 150 g Butter
- 180 g Rohrzucker
- 3 Eier (Größe M)
- 1 TL Vanillepaste
- 150 g Dinkelmehl (Type 630)
- 100 g gemahlene Mandeln
- 1 TL Backpulver
- 1 TL Natron
- 1 gestr. TL Zimt
- 1 Prise frisch geriebene Muskatnuss
- 1 Prise Nelkenpulver

Für das Frosting

- 100 g Frischkäse
- 100 g Mascarpone
- 2 TL Zitronensaft
- 1 Prise Zimt
- 3 TL Puderzucker

Für die Deko

- 2–3 TL essbare getrocknete Blüten

Außerdem

- Springform (Ø 18 cm)

SO GEHT'S

1 Den Backofen auf 180 °C (Ober-/Unterhitze) vorheizen und eine Springform mit Backpapier auslegen.

2 Für den Teig Äpfel waschen, schälen, entkernen und grob raspeln. Möhren putzen und fein raspeln. Beides beiseitestellen. Butter und Zucker schaumig schlagen. Eier einzeln nacheinander unterschlagen. Vanillepaste unterrühren.

3 Dinkelmehl, Mandeln, Backpulver, Natron, Zimt, Muskat und Nelkenpulver mischen und unter die Butter-Ei-Masse rühren. Äpfel und Möhren unterheben.

4 Den Teig in die Backform füllen und im vorgeheizten Backofen ca. 50 Minuten backen. Stäbchenprobe machen. Aus dem Ofen holen, etwas ruhen lassen, aus der Form lösen und auf einem Kuchengitter abkühlen lassen.

5 Für das Frosting Frischkäse, Mascarpone, Zitronensaft, Zimt und Puderzucker glatt rühren. Dann auf den abgekühlten Kuchen streichen. Mit getrockneten essbaren Blüten dekorieren und servieren.

MARMOR-
Kuchen

FÜR 1 GUGELHUPF (Ø 22 CM)

- 350 g Mehl (Type 405)
- 1 Pck. Backpulver
- Salz
- 200 g Zartbitter-schokolade
- 230 g weiche Butter
- 180 g Zucker
- 1 Pck. Vanillezucker
- 5 Eier (Größe M)
- 90 ml + 1 EL Milch
- 3 EL Rum
- 2 EL Backkakao

Außerdem

- Gugelhupfform
- Butter und Mehl für die Form
- Puderzucker

SO GEHT'S

1 Die Gugelhupfform einfetten und mit etwas Mehl ausstreuen. Mehl mit Backpulver und 1 Prise Salz mischen. Beiseitestellen. 100 g Zartbitterschokolade über dem Wasserbad schmelzen. Die restliche Schokolade hacken. Den Backofen auf 180 °C (Ober-/Unterhitze) vorheizen.

2 Die weiche Butter mit den Quirlen des Handrührgeräts oder der Küchenmaschine kurz anschlagen. Zucker und Vanillezucker nach und nach hinzugeben und gut einarbeiten. Eier trennen und die Eigelbe nacheinander je 30 Sekunden untermischen. Nun abwechselnd die Mehlmischung und die 90 ml Milch unterrühren. Mit Mehl beginnen und enden. Zuletzt den Rum unterrühren.

3 Etwas weniger als die Hälfte des Teigs abnehmen und die geschmolzene Schokolade, den Kakao und 1 EL Milch unterrühren. Die gehackte Schokolade unterheben. Eiweiß mit 1 Prise Salz steif schlagen. Eine Hälfte unter den hellen Teig, die andere Hälfte unter den dunklen Teig heben. Den hellen Teig in die vorbereitete Form geben und gleichmäßig verteilen. Den dunklen Teig daraufgeben und ebenfalls verteilen. Für die Marmorierung mit einer Gabel durch den Teig ziehen.

4 Marmorkuchen im heißen Ofen rund 55–65 Minuten backen. Stäbchenprobe machen. Aus dem Ofen nehmen und auf einem Kuchengitter 10 Minuten abkühlen lassen. Dann stürzen. Vor dem Servieren mit Puderzucker bestäuben. Kühl lagern.

MOHN-
Kuchen

FÜR 1 BACKBLECH

Für den Mohnbelag

- 2 Pck. Mohn (500 g)
- 1 l Milch
- 115 g Zucker
- 1 Pck. Vanillezucker
- 150 g Weichweizengrieß
- 2 Eier (Größe M)

Für den Rührteig

- 200 g Butter
- 170 g Puderzucker
- 4 Eier (Größe M)
- 350 g Mehl (Type 405)
- ½ Pck. Backpulver

Für die Streusel

- 300 g Mehl (Type 405)
- 175 g Zucker
- 1 Pck. Vanillezucker
- 125 g Butter

Außerdem

- Butter und Mehl für das Backblech
- Puderzucker (nach Belieben)

SO GEHT'S

1 Ein Backblech einfetten und mit etwas Mehl bestreuen.

2 Für den Mohnbelag alle Zutaten bis auf die Eier unter Rühren aufkochen. In eine Schüssel geben und etwas abkühlen lassen. Eier unter die lauwarme Masse rühren.

3 Für den Teig Butter in einer Schüssel kurz anschlagen. Puderzucker hinzugeben und hell und cremig aufschlagen. Die Eier nacheinander hinzugeben und gut einarbeiten – jedes Ei etwa 30 Sekunden.

4 Mehl mit Backpulver mischen und nach und nach unter die Buttermasse rühren. Den Teig auf das vorbereitete Backblech geben und verteilen. Den Ofen auf 180 °C (Ober-/Unterhitze) vorheizen.

5 Für die Streusel alle Zutaten verkneten. Die Mohnmasse auf dem Rührteig verteilen und mit den Streuseln bedecken. Den Kuchen im heißen Ofen etwa 35 Minuten backen. Herausnehmen und abkühlen lassen. Vor dem Servieren nach Belieben mit Puderzucker bestreuen und servieren.

Zitronen-Buttermilch-GUGELHUPF

FÜR 1 GUGELHUPF (Ø 24 CM)

Für den Teig

- 330 g weiche Butter
- 330 g Zucker
- Salz
- 1 Pck. Vanillezucker
- 8 Eier (Größe M)
- 530 g Mehl (Type 405)
- 2 TL Natron
- 4 TL Backpulver
- 2 Bio-Zitronen
- 260 g Buttermilch

Für den Guss

- 1 Eiweiß (Größe M)
- 200 g Puderzucker
- 1–2 EL Zitronensaft
- essbare Blüten

Außerdem

- Gugelhupfform
- Butter und Mehl für die Form

SO GEHT'S

1 Den Backofen auf 180 °C (Ober-/Unterhitze) vorheizen. Gugelhupfform fetten und mit Mehl ausstäuben. Für den Teig Butter, Zucker, 1 Prise Salz und Vanillezucker hell aufschlagen. Eier einzeln nacheinander unterschlagen.

2 Mehl, Natron und Backpulver mischen. Zitronen heiß abwaschen. Die Schale von 1 Zitrone fein abreiben und beide Zitronen auspressen (ca. 100 ml). Buttermilch mit Zitronenabrieb und -saft verrühren. Mehl- und Buttermilchmischung im Wechsel unter die Butter-Ei-Masse heben. Nur so lange wie nötig verrühren.

3 Den Teig in die Form füllen. Mit der Form auf den Tisch klopfen, damit sich die Masse gut verteilt. Etwa 60 Minuten backen, dann aus dem Ofen holen, 10 Minuten abkühlen lassen und auf ein Kuchengitter stürzen. So komplett abkühlen lassen.

4 Für den Guss das Eiweiß steif schlagen. Den Puderzucker sieben und nach und nach unterschlagen. So viel Zitronensaft dazugeben, bis eine dickflüssige Masse entstanden ist. Über den Gugelhupf geben, mit essbaren Blüten dekorieren und servieren.

TIPP

Zitronenabrieb bietet sich ebenfalls als Deko an.

EIERLIKÖR-
Kuchen

FÜR 1 SPRINGFORM (Ø 26 CM)

Für den Teig

- 5 Eier (Größe M)
- 80 g Butter
- 80 g Zucker
- 200 g gemahlene Haselnusskerne
- 2 cl Rum
- 2 cl Eierlikör plus etwas mehr
- 2 EL Mehl (Type 405)
- 1 TL Backpulver
- 200 g geraspelte Zartbitterschokolade
- Salz

Für den Belag

- 1 Glas Preiselbeeren
- 500 g Sahne
- 1 Pck. Sahnesteif
- ½ Pck. Vanillezucker
- ca. 125 ml Eierlikör

Außerdem

- Butter und Mehl für die Form
- Spritzbeutel mit Sterntülle

SO GEHT'S

1 Die Springform einfetten und mit etwas Mehl ausstäuben. Den Backofen auf 190 °C (Ober-/Unterhitze) vorheizen.

2 Für den Teig die Eier trennen. Die Butter mit den Quirlen des Handrührgeräts oder der Küchenmaschine kurz anschlagen. Zucker hinzugeben und schaumig schlagen. Eigelbe nacheinander, jedes rund 30 Sekunden, unterrühren. Nüsse, Rum und Eierlikör einrühren. Mehl und Backpulver mischen und mit 120 g der Schokolade ebenfalls unterrühren. Zum Schluss das Eiweiß mit 1 Prise Salz steif schlagen und vorsichtig unter die Masse heben.

3 Teig in die vorbereitete Form füllen und 25–30 Minuten im heißen Ofen backen. Herausnehmen, leicht abkühlen lassen und die Oberfläche mit etwas Eierlikör bepinseln. Vollständig auskühlen lassen.

4 Den erkalteten Boden mit Preiselbeeren bestreichen. Dabei außen etwas Abstand lassen. Sahne mit Sahnesteif und Vanillezucker steif schlagen. Kuchen, bis auf einen kleinen Rest für die Verzierung, mit der Sahne ringsum einstreichen und mit der restlichen Schokolade verzieren. Entlang des Rands mithilfe des Spritzbeutels dicht an dicht Sahnetuffs setzen. Eierlikör in die Mitte der Torte geben und vorsichtig verteilen. Torte kühl stellen.

TIPP

Die Sahnetuffs müssen sehr eng gesetzt werden, damit später der Eierlikör nicht herunterläuft. Kühl gelagert hält sich die Torte bis zu 4 Tage.

BISKUITROLLE
mit Heidelbeeren

FÜR 1 BISKUITROLLE

Für den Biskuit

- 100 g Mehl
- 25 g Speisestärke
- 1 TL Backpulver
- 5 Eier (Größe M)
- Salz
- 90 g Zucker plus etwas mehr
- 1 Pck. Vanillezucker
- Schale von 1 Bio-Zitrone

Für die Quark-Sahne-Creme

- 4 Blätter Gelatine
- 500 g Magerquark
- 1 EL Zitronensaft
- 50 g Zucker
- 2 Päckchen Vanillezucker
- 250 g Sahne

Außerdem

- 3 gehäufte EL Heidelbeer-marmelade ohne Stücke
- 175 g Heidelbeeren
- Spritzbeutel mit Lochtüllen

SO GEHT'S

1 Ein Backblech mit Backpapier auslegen. Den Ofen auf 200 °C (Ober-/Unterhitze) vorheizen. Mehl mit Speisestärke und Backpulver mischen und beiseitestellen.

2 Die Eier trennen. Eiweiß mit 1 Prise Salz steif schlagen. Die Eigelbe mit Zucker und Vanillezucker hell und cremig aufschlagen, Zitronenschale unterrühren. Eischnee zum Eigelb geben, das Mehl darübersieben, beides vorsichtig unterheben. Den Teig auf das Backblech geben und verteilen. Im Ofen 10–12 Minuten backen.

3 Ein Geschirrtuch mit etwas Zucker bestreuen. Ein zweites Geschirrtuch zu einem langen Strang rollen. Biskuit aus dem Ofen nehmen und sofort auf das Zucker-Geschirrtuch stürzen. Das Backpapier vorsichtig abziehen. Das zweite Geschirrtuch am unteren langen Rand entlanglegen (dies imitiert die Füllung und vermeidet das Brechen des Biskuits). Den Biskuit mithilfe des unterliegenden Geschirrtuchs längs aufrollen. Auskühlen lassen.

4 Inzwischen für die Füllung Gelatine nach Herstellerangaben einweichen. Quark mit Zitronensaft, Zucker und Vanillezucker verrühren. Gelatine in einem Topf bei geringer Hitze und unter Rühren schmelzen. Vom Herd nehmen und ca. 3 EL der Quark-masse einrühren. Die Gelatine dann zur restlichen Quarkmasse geben und gut verrühren. Die Creme kühl stellen, bis sie anfängt zu gelieren. Dann die Sahne steif schlagen und unterheben.

5 Biskuitboden abrollen und dünn mit 2 EL Marmelade bestreichen. Etwas mehr als die Hälfte der Quark-Sahne-Creme auf der Marmelade verteilen und mit Heidelbeeren bedecken. Den Boden vorsichtig aufrollen und auf die Naht setzen. Restliche Creme in einen Spritzbeutel mit mittelgroßer Lochtülle geben und auf der Biskuitrolle verteilen. Mindestens 3 Stunden kühl stellen.

6 1 EL Marmelade durch ein Sieb streichen und mithilfe eines Spritzbeutels mit dünner Lochtülle auf der Creme verteilen. Mit den restlichen Heidelbeeren bedecken und servieren.

Schwarzwälder ERDBEERTORTE

FÜR 12 STÜCKE

Für den Biskuit

- 4 Eier (Größe M)
- 120 g Zucker, 1 Prise Salz
- 100 g Mehl
- 30 g Backkakao
- 1 TL Backpulver
- 30 ml Kirschwasser (alternativ Milch)

Für die Füllung

- 40 g Puderzucker
- 300 g Magerquark
- 200 g Mascarpone
- 2 TL Zitronensaft
- 1 TL Vanillepaste
- 100 g Sahne
- 2 Pck. Sahnesteif
- 400 g Erdbeerwürfel

Für die Deko

- 100 g Sahne
- 1 TL Sahnesteif
- 50 g Zartbitter-Schokoraspel, 2 EL Zebraröllchen
- 7 Erdbeeren

Außerdem

- Springform (Ø 24 cm)
- Tortenring
- Spritzbeutel mit Sterntülle

SO GEHT'S

1 Den Backofen auf 180 °C (Ober-/Unterhitze) vorheizen. Eine Springform mit Backpapier auslegen.

2 Für den Biskuitboden Eier, Zucker und Salz ca. 7 Minuten auf höchster Stufe cremig aufschlagen. Mehl, Kakao und Backpulver mischen, in zwei Portionen auf die Eiermasse sieben und behutsam unterheben. Den Teig in die Springform geben, glatt streichen. Einmal mit der Form auf die Arbeitsplatte klopfen, damit Luftbläschen entweichen können. Im heißen Ofen ca. 20 Minuten backen. Stäbchenprobe machen. Aus dem Ofen holen, aus der Form lösen und auf einem Kuchengitter abkühlen lassen.

3 Für die Füllung den Puderzucker sieben und mit Quark, Mascarpone, Zitronensaft und Vanillepaste glatt rühren. Sahne steif schlagen, Sahnesteif dabei einrieseln lassen. Sahne behutsam unter die Mascarponecreme heben, Erdbeerwürfel unterrühren.

4 Den abgekühlten Biskuit zweimal waagerecht teilen. Den unteren Boden auf eine Tortenplatte setzen, mit einem Tortenring umschließen und mit der Hälfte des Kirschwassers tränken. Die Hälfte der Creme auf dem Boden verteilen. Den zweiten Boden auflegen, ebenfalls tränken und mit der restlichen Creme bestreichen. Den letzten Boden mit der Unterseite nach oben auf die Creme setzen. Die Torte mit Frischhaltefolie abdecken und im Kühlschrank 4 Stunden fest werden lassen.

5 Für die Deko die Sahne steif schlagen, Sahnesteif dabei einrieseln lassen. Torte behutsam aus dem Tortenring lösen, komplett mit Sahne einstreichen und Schokoraspel an den Rand drücken. 3 EL Sahne in einen Spritzbeutel mit Sterntülle füllen und Sahnetuffs oben auf die Torte spritzen.

6 Die Erdbeeren waschen, trocken tupfen und halbieren. Die Torte mit Erdbeeren und Zebraröllchen dekorieren.

HIMBEER-TARTE
mit weißer Schokolade

FÜR 12 STÜCKE

Für den Tarteboden

- 150 g Butter
  plus etwas für die Form
- 300 g Vollkornkekse

Für die Füllung

- 300 g TK-Himbeeren
- 100 g weiße Schokolade
- 100 g Frischkäse
- 200 g Mascarpone
- 1 Pck. Vanillezucker
- 100 g Sahne
- 1 Pck. Gelatine Fix

Für die Deko

- weiße Schokoladenspäne
- Schoko-Eier
- frische Himbeeren

Außerdem

- 1 Tarteform mit
  Hebeboden (Ø 24 cm)
- Haarsieb

SO GEHT'S

1 Für den Boden die Tarteform leicht einfetten. Butter schmelzen und beiseitestellen. Kekse zerbröseln und mit der Butter mischen. Zwei Drittel der Kekskrümel an den Rand der Tarteform drücken. Das geht am besten mit einem Einweghandschuh. Den Rest auf den Boden geben und festdrücken. 30 Minuten kühl stellen.

2 Für die Füllung die Himbeeren mit 2 EL Wasser in einem kleinen Topf weich dünsten. Durch ein Haarsieb streichen. Püree auffangen und etwas abkühlen lassen.

3 Weiße Schokolade hacken, über einem heißen Wasserbad schmelzen und beiseitestellen. Frischkäse, Mascarpone, Himbeerpüree und Vanillezucker mischen. Weiße Schokolade unterziehen.

4 Sahne steif schlagen. Gelatine dabei einrieseln lassen und unter die Himbeermousse heben. Himbeermousse auf den Tarteboden streichen. Im Kühlschrank ca. 4 Stunden fest werden lassen. Vor dem Servieren aus der Form lösen.

5 Die Himbeer-Tarte mit Schokospänen, Schoko-Ostereiern und Himbeeren verzieren.

TIPP

Schokospäne kann man mit einem Sparschäler und einem Schokoladenblock ganz einfach selber machen.

SCHMAND-
Kuchen

FÜR 1 BACKBLECH

Für den Teig

- 250 g Mehl (Type 405)
- ¾ Pck. Backpulver
- ½ TL gemahlene Vanille
- Schale von 1 Bio-Orange
- 4 Eier (Größe M)
- 180 g Zucker
- 1 Pck. Vanillezucker
- 125 ml Rapsöl
- 150 ml kohlensäurehaltiges Mineralwasser

Für den Belag

- 500 g Sahne
- 2 Pck. Sahnesteif
- 2 Pck. Vanillezucker
- 500 g Schmand
- 2 Dosen Mandarinen (à 175 g Abtropfgewicht)
- Zimtzucker (nach Belieben)

Außerdem

- Butter und Mehl für das Backblech

SO GEHT'S

1 Ein Backblech leicht einfetten und mit etwas Mehl bestäuben. Den Ofen auf 175 °C (Ober-/Unterhitze) vorheizen.

2 Mehl mit Backpulver, Vanille und Orangenschale mischen. Die Eier mit dem Zucker und dem Vanillezucker dickcremig aufschlagen. Öl und Wasser in einem dünnen Strahl langsam hinzugeben und unterrühren. Mehlmischung ebenfalls hinzugeben und kurz einarbeiten, bis alles verrührt ist. Den Teig auf dem vorbereiteten Backblech verteilen und im heißen Ofen etwa 25 Minuten backen. Aus dem Ofen nehmen und vollständig auskühlen lassen.

3 Inzwischen für den Belag die Sahne steif schlagen. Dabei Sahnesteif und Vanillezucker unterrühren. Sahne mit Schmand mischen.

4 Mandarinen abtropfen lassen und auf dem Kuchenboden verteilen. Sahne-Schmand-Creme darauf verteilen. Nach Belieben mit Zimtzucker bestreuen. Bis zum Servieren kühl stellen.

TIPP

Wer den Kuchen etwas leichter gestalten möchte, kann einen Teil oder die gesamte Menge des Schmands durch saure Sahne ersetzen.

Rhabarber-Baiser-KUCHEN

FÜR 1 SPRINGFORM (Ø 26 CM)

Für den Teig

- 600 g Rhabarber
- 125 g weiche Butter plus etwas für die Form
- 100 g Mehl plus etwas für die Form
- 50 g Speisestärke
- 2 TL Backpulver
- 75 g gemahlene Mandeln
- Schale von 1 Bio-Zitrone
- 100 g Zucker
- 1 Pck. Vanillezucker
- 1 Ei (Größe M)
- 3 Eigelbe (Größe M)
- 3 EL Mandellikör (z. B. Amaretto)
- 40 g gehackte Mandeln

Für das Baiser

- 3 Eiweiß (Größe M)
- Salz
- 100 g Zucker

SO GEHT'S

1 Den Rhabarber putzen und in ca. 1,5 cm lange Stücke schneiden. Die Springform einfetten und den Boden mit etwas Mehl bestreuen. Den Ofen auf 175 °C (Ober-/Unterhitze) vorheizen.

2 Für den Rührteig Mehl, Speisestärke und Backpulver mischen und sieben. Gemahlene Mandeln und Zitronenschale untermischen.

3 Die weiche Butter mit den Quirlen des Handrührgeräts oder der Küchenmaschine leicht anschlagen. Zucker und Vanillezucker hinzugeben und schaumig schlagen. Ei und Eigelbe einzeln hinzugeben und jeweils gut einarbeiten. Mehl kurz unterrühren, ebenfalls den Mandellikör. Abschließend die gehackten Mandeln unterheben.

4 Teig in die vorbereitete Form geben und mit den Rhabarberstücken belegen. Im heißen Ofen rund 35 Minuten backen.

5 Inzwischen für das Baiser die 3 Eiweiße mit 1 Prise Salz steif schlagen. Dabei Zucker einrieseln lassen. Kuchen nach 35 Minuten aus dem Ofen nehmen und mit dem Baiser bedecken. Den Rhabarber-Baiser-Kuchen im heißen Ofen bei gleicher Temperatur 20 weitere Minuten backen. Herausnehmen und abkühlen lassen.

SCHNELLER
Bienenstich

FÜR 1 SPRINGFORM (Ø 26 CM)

Für den Biskuit

- 5 Eier (Größe M)
- 125 g Zucker
- 150 g Mehl (Type 405)
- 1 TL Backpulver
- 100 g Mandelblättchen

Für die Füllung

- 600 g Sahne
- 1 ½ Pck. Dessertcreme (Vanillegeschmack, z. B. Paradiescreme)

Außerdem

- Puderzucker

SO GEHT'S

1 Den Boden der Springform mit Backpapier auslegen. Den Ofen auf 175 °C (Ober-/Unterhitze) vorheizen.

2 Eier und Zucker mit den Quirlen des Handrührgeräts oder der Küchenmaschine 15 Minuten hell und dickcremig aufschlagen. Mehl mit Backpulver mischen, in die Eiermischung sieben und vorsichtig unterheben.

3 Teig in die vorbereitete Form geben und mit den Mandelblättchen bestreuen. Im heißen Ofen rund 35 Minuten backen.

4 Biskuit aus dem Ofen nehmen, erkalten lassen, aus der Form lösen und längs halbieren. Den oberen Boden vorsichtig in 12 Tortenstücke schneiden.

5 Sahne anschlagen, dabei nicht zu fest werden lassen. Dessertcremepulver unterrühren und den unteren Biskuitboden mit der Creme bedecken. Tortenstücke auf die Creme setzen und vor dem Servieren mit Puderzucker bestäuben.

TIPP

Wer etwas mehr Füllung möchte, kann auch 3 Becher Sahne à 250 g verwenden. Dann ebenfalls etwas mehr Dessertcreme nehmen.

BOUTIQUE DE FLEURS
Madeleine
RUE D'ALESIA PARIS

Bienenstich-
CUPCAKES

FÜR 12 STÜCK

Für den Hefeteig

- 100 ml lauwarme Milch
- 1 TL Vanillezucker
- 50 g Zucker
- 20 g frische Hefe
- ½ TL Salz
- 300 g Mehl (Type 550) plus etwas zum Ausrollen
- 1 Ei (Größe M)
- 50 g flüssige Butter plus feste Butter zum Einfetten

Für die Füllung

- 1 Pck. Vanillepudding-pulver
- 350 ml Milch
- 40 g Zucker
- 50 g Butter

Für den Belag

- 50 g gesalzene Butter
- 50 g Zucker
- 1 EL Honig
- 100 g Mandelblättchen, evtl. vorher geröstet
- Puderzucker

Außerdem

- 1 Muffinblech
- Spritzbeutel mit Sterntülle

SO GEHT'S

1 Für den Hefeteig die Milch, Vanillezucker und Zucker in einer großen Schüssel mischen. Hefe hineinbröseln und unter Rühren auflösen. Salz, Mehl, Ei und Butter dazugeben und mit dem Knethaken der Küchenmaschine 5 Minuten zu einem geschmeidigen Teig kneten. Sollte der Teig zu stark kleben, noch etwas Mehl dazugeben. Den Teig in eine saubere Schüssel füllen, abdecken und ca. 1 Stunde an einem warmen Ort gehen lassen. Der Teig sollte sich mindestens verdoppelt haben.

2 Den Teig einmal eindrücken, durchkneten und zu 12 Kugeln formen. Das Muffinblech fetten, die Hefekugeln in die Mulden setzen und abgedeckt weitere 30 Minuten gehen lassen. Währenddessen den Backofen auf 180 °C (Ober-/Unterhitze) vorheizen.

3 Für die Füllung das Puddingpulver und den Zucker mischen. Die Milch in einem Topf aufkochen lassen, vom Herd ziehen und das Pulver unter Rühren 1 Minute köcheln lassen. Butter einrühren, sobald der Pudding nicht mehr kochend heiß ist. Frischhaltefolie direkt auf den Pudding legen und etwas abkühlen lassen.

4 Für den Belag Butter, Zucker und Honig in einem kleinen Topf aufkochen und 1 Minute köcheln lassen. Vom Herd ziehen. Mandelblättchen unterrühren. Unter Rühren ein wenig abkühlen lassen, dann auf die Hefekugeln geben.

5 Die Bienenstich-Teiglinge im vorgeheizten Backofen ca. 25 Minuten goldgelb backen. Stäbchenprobe machen. Aus dem Ofen holen und auf einem Kuchengitter abkühlen lassen.

6 Den Vanillepudding kräftig aufschlagen und in einen Spritzbeutel mit Sterntülle füllen. Die Bienenstich-Cupcakes einmal waagerecht teilen und die Vanillecreme auf die untere Hälfte spritzen. Deckel aufsetzen. Mit Puderzucker bestreuen und servieren.

SCHOKO-KÄSEKUCHEN-
Muffins

FÜR 12 STÜCK

Für den Teig

- 125 g weiche Butter
- 125 g brauner Zucker
- Salz
- 1 TL Vanillepaste
- 2 Eier (Größe M)
- 150 g Mehl (Type 405)
- 30 g Backkakao
- 2 TL Backpulver
- 100 ml Milch

Für die Füllung

- 200 g Speisequark (20 %)
- 1 Ei (Größe M)
- 1 TL Vanillepaste
- 30 g brauner Zucker

Für das Frosting

- 100 g Frischkäse
- 1 Pck. Vanillezucker
- 1 TL Zitronensaft
- 12 Schokohasen

Außerdem

- Muffinblech plus Papierförmchen

SO GEHT'S

1 Den Backofen auf 180 °C (Ober-/Unterhitze) vorheizen.

2 Für den Teig das Muffinblech mit Papier-Backförmchen auslegen. Butter, Zucker und 1 Prise Salz hell aufschlagen. Vanillepaste unterschlagen. Eier einzeln und nacheinander ca. 30 Sekunden lang unterschlagen.

3 Mehl, Kakaopulver und Backpulver mischen und behutsam unterheben. Milch unterrühren. Für die Cheesecake-Füllung Quark, Ei, Vanillepaste und Zucker mischen.

4 Die Muffinförmchen zu einem Drittel mit Schokoteig füllen. Käsekuchenmasse mit einem Löffel darauf verteilen, mit dem restlichem Schokoteig bedecken und im heißen Backofen ca. 22 Minuten backen. Stäbchenprobe machen.

5 Aus dem Ofen holen, aus der Form lösen und auf einem Kuchengitter abkühlen lassen. Für das Frosting Frischkäse mit Vanillezucker und Zitronensaft mischen. Auf die Muffins streichen. Mit Schokohasen verzieren.

EIERLIKÖR-MANDARINEN-Muffins

FÜR 12 STÜCK

- 1 Dose Mandarinen (175 g Abtropfgewicht)
- 70 g Zucker
- 80 g Butter
- 2 Eier (Größe M)
- 140 g Mehl (Type 405)
- 40 g Vanillepuddingpulver
- 1½ TL Backpulver
- 100 ml Eierlikör
- 50 ml Milch

Außerdem

- Muffinblech plus Papierförmchen

SO GEHT'S

1 Ein Muffinblech mit Papierförmchen auslegen und den Backofen auf 180 °C (Ober-/Unterhitze) vorheizen. Mandarinen abtropfen lassen.

2 Zucker und Butter hell aufschlagen. Eier nacheinander einzeln unterschlagen. Mehl, Vanillepuddingpulver und Backpulver mischen und im Wechsel mit Eierlikör und Milch unterheben.

3 Den Teig auf die Backförmchen verteilen und jeweils 3–4 Mandarinenspalten in den Teig drücken.

4 Die Muffins ca. 20 Minuten backen. Stäbchenprobe machen. Aus dem Ofen holen, behutsam aus dem Muffinblech heben und auf einem Kuchengitter abkühlen lassen.

MÖHREN-
Mini-Gugelhupfe

FÜR 36 STÜCK

Für den Teig

- 120 g weiche Butter
- 100 g Mehl (Type 405)
- 1 Möhre (ca. 60 g)
- 80 g Zucker
- Salz
- 1 Pck. Vanillezucker
- Mark von 1 Vanilleschote
- 2 Eier (Größe M)
- 60 g gemahlene, geschälte Mandeln
- ¼ TL gemahlener Zimt
- 1 TL Backpulver
- 80 g griechischer Joghurt
- 2 EL Milch

Für den Guss

- 40 g Puderzucker
- 1–2 TL Milch

Außerdem

- 2 Silikonformen à 20 Mini-Gugelhupfe
- Backtrennspray, etwas Mehl für die Form
- Marzipanmöhrchen

SO GEHT'S

1 Den Backofen auf 180 °C (Ober-/Unterhitze) vorheizen. Die Mini-Gugelhupfformen fetten, am besten mit Backtrennspray oder mit Butter. Dann mit Mehl ausstäuben. Die Möhre putzen, raspeln und beiseitestellen.

2 Für den Teig Butter, Zucker, 1 Prise Salz und Vanillezucker hell aufschlagen. Vanillemark unterrühren. Eier einzeln nacheinander unterschlagen. Mehl, Mandeln, Zimt und Backpulver mischen. Joghurt mit Milch mischen und im Wechsel mit der Mehlmischung unter die Butter-Ei-Masse heben. Nur so lange wie nötig verrühren. Geraspelte Möhre kurz unterheben.

3 Die Mulden der Mini-Gugelhupfform zu etwas mehr als der Hälfte mit Teig befüllen. Mit der Form ein wenig auf den Tisch klopfen, damit sich die Masse gut verteilt. Etwa 18 Minuten backen. Stäbchenprobe machen. Aus dem Ofen holen, kurz abkühlen lassen und auf ein Kuchengitter stürzen. So komplett abkühlen lassen.

4 Für den Guss Puderzucker sieben und anschließend mit Milch zu einer zähflüssigen Masse verrühren. Auf die Kuchen träufeln. Mit Marzipanmöhrchen verzieren.

Honig- KEKSE

FÜR 40 STÜCK

Für den Teig

- 300 g Mehl
- 50 g Puderzucker
- 1 Eigelb (Größe M)
- 50 g Honig
- 100 g weiche Butter
- evtl. etwas Milch

Für das Royal Icing

- 1 Eiweiß (Größe M)
- 1 EL Honig
- 250 g Puderzucker (gesiebt)
- Lebensmittelfarbgel in Gelb (nach Belieben)

Außerdem

- Wabenausstecher

SO GEHT'S

1 Für den Teig Mehl, Puderzucker, Eigelb, Honig und Butter in eine mittelgroße Schüssel geben und zu einem glatten Teig kneten. Sollte der Teig zu trocken sein, etwas Milch dazugeben. Den Teig in Frischhaltefolie wickeln und mindestens 2 Stunden im Kühlschrank ruhen lassen.

2 Backofen auf 180 °C (Ober-/Unterhitze) vorheizen. Teig auf einer bemehlten Arbeitsfläche 4 mm dick ausrollen. Wabenkekse ausstechen und auf ein mit Backpapier ausgelegtes Backblech setzen und 7–8 Minuten goldgelb backen. Aus dem Ofen nehmen und auf einem Kuchengitter auskühlen lassen.

3 Für das Royal Icing Eiweiß steif schlagen. Honig dazugeben. Puderzucker nach und nach dazugeben und weiterschlagen. Mit etwas Wasser zu einer joghurtähnlichen Konsistenz rühren. Hellgelb einfärben und die Hälfte der Kekse in das Royal Icing tauchen, kurz abtropfen lassen und auf einem Kuchengitter trocknen lassen. Das restliche Royal Icing etwas stärker einfärben und den Vorgang mit den restlichen Keksen wiederholen.

TIPP

Kleine Luftbläschen im Royal Icing lassen sich mit einem Zahnstocher entfernen.

KOKOSKEKSE

mit Royal Icing

FÜR CA. 2 BLECHE

Für den Teig

- 110 g feiner Zucker
- 125 g weiche Butter
- 1 Ei (Größe M)
- Salz
- 230 g Mehl (Type 405) plus etwas zum Arbeiten
- 20 g Kokosraspel

Für das Royal Icing

- 1 Eiweiß (Größe M)
- Salz
- 250 g Puderzucker
- Lebensmittelfarbgel in Türkis, Gelb, Schwarz
- etwas Kokosmilch oder Wasser

Außerdem

- 2 Backbleche
- Ausstechformen (z. B. Hasen und Eier)

SO GEHT'S

1 Für den Teig Zucker und Butter cremig schlagen. Ei, 1 Prise Salz, Mehl und Kokosraspel dazugeben und zu einem glatten Teig verarbeiten. Teig zu einem flachen Rechteck formen, in Frischhaltefolie wickeln und mindestens 1 Stunde kühl stellen.

2 Den Backofen auf 180 °C (Ober-/Unterhitze) vorheizen. Backbleche mit Backpapier auslegen. Teig auf einer bemehlten Arbeitsfläche 3 mm dick ausrollen und Kekse ausstechen. Auf die Bleche geben und ca. 8 Minuten backen. Die Backzeit ist abhängig von der Größe und Dicke der Kekse. Aus dem Ofen nehmen, sobald die Ränder anfangen, leicht braun zu werden, und auf einem Kuchengitter abkühlen lassen. Falls nur ein Blech verfügbar ist, in zwei Durchgängen backen.

3 Für das Royal Icing das Eiweiß mit 1 Prise Salz steif schlagen, gesiebten Puderzucker dabei einrieseln lassen. Das Icing aufteilen, mit dem gelben und türkisfarbenen Gel färben und mit Kokosmilch oder Wasser verdünnen, bis eine joghurtähnliche Konsistenz entstanden ist. Kekse hineintauchen und gut abtropfen lassen, kleine Luftbläschen sofort mit einem Zahnstocher durchpiksen und trocknen lassen. Schwarzes Lebensmittelfarbgel mit etwas Wasser verdünnen und kleine Spritzer auf den Keksen verteilen.

Meringue-
KÜKEN

FÜR CA. 20 STÜCK

- 2 Eiweiß (Größe M)
- 110 g feinster Zucker
- Lebensmittelfarbgel in Gelb (1–2 Tropfen)
- 40 blaue Zuckerperlen
- 60 kleine Herz-Zuckerperlen

Außerdem

- Spritzbeutel
- Lochtülle (13 mm)
- Backpapier

SO GEHT'S

1 Den Backofen auf 90 °C (Ober-/Unterhitze) vorheizen. Ein Backblech mit Backpapier belegen.

2 Eiweiß mit Salz steif schlagen. Nach und nach Zucker einrieseln lassen und weiter steif schlagen, bis Spitzen am Schneebesen stehen bleiben. Mit Lebensmittelfarbe gelb färben.

3 Eischnee in einen Spritzbeutel mit Lochtülle füllen und Tuffs auf das Backpapier spritzen. Auf jeden Tuff einen kleineren Tuff als Köpfchen aufsetzen.

4 Für die Augen jeweils 2 blaue Zuckerperlen aufsetzen. Für die Füßchen die Herzen mit der Spitze unter den Körper schieben. Für den Schnabel das Herz mit der Spitze nach außen drehen und in den Kopf schieben.

5 Die Küken in den Backofen geben und etwa 2 Stunden bei leicht geöffneter Backofentür trocknen lassen (einfach einen Holzlöffelstiel in die Backofentür klemmen).

6 Die Meringue-Küken auskühlen lassen und luftdicht lagern.

TIPP

Das Baiser ist fertig, wenn es sich leicht vom Backpapier lösen lässt.

Eierlikör-
PANCAKES

FÜR CA. 10 STÜCK

- 120 g Mehl (Type 405)
- 2 EL Zucker
- 1 Prise Salz
- 2 gestr. TL Backpulver
- 1 Ei (Größe M)
- 130 g Schmand
- 1 TL Vanillepaste
- 70 ml Eierlikör plus etwas zum Servieren
- Butterschmalz zum Ausbacken
- Erdbeeren zum Servieren

SO GEHT'S

1 Die trockenen Zutaten mischen. Dann Ei, Schmand, Vanillepaste und Eierlikör dazugeben und alles ca. 2 Minuten mit dem Schneebesen des Handrührgeräts zu einem geschmeidigen Teig rühren.

2 1 EL Butterschmalz in einer beschichteten Pfanne erhitzen. Teig esslöffelweise (am besten mit einem Eisportionierer) in die Pfanne füllen. Gleichmäßig verstreichen. Jede Seite bei mittlerer Hitze ca. 2 Minuten backen. Auf Küchenpapier entfetten lassen.

3 Mit Eierlikör und frischen Erdbeeren servieren.

TIPP

Für eine alkoholfreie Variante kann der Eierlikör einfach durch Milch ersetzt werden.

IMPRESSUM

Bibliografische Information der Deutschen Bibliothek.

Die Deutsche Bibliothek verzeichnet diese Publikation in der Deutschen Nationalbibliografie.
Detaillierte bibliografische Daten sind im Internet über http://www.dnb.de/ abrufbar.

EIN BUCH DER EDITION MICHAEL FISCHER

1. Auflage 2024

Covergestaltung: Jonas Högerl
Satz: Paulina Ernst
Projektleitung und Lektorat: Johanna Ederer

Texte & Rezepte: Emma Friedrichs: S. 9, 18, 20, 22, 26, 32, 38, 40, 48, 50, 52, 54, 56, 58, 60, 62; Sara Plavic & Tamara Staab: S. 6-8, 12, 14, 16, 24, 28, 30, 34, 36, 42, 44, 46

Bilder: Emma Friedrichs: S. 2, 3 (oben), 10, 19, 21, 23, 27, 33, 39, 41, 49, 51, 53, 55, 57, 59, 61, 63; Sara Plavic & Tamara Staab: S. 3 (unten), 4 13, 15, 17, 25, 29, 31, 35, 37, 43, 45, 47.

ISBN 978-3-7459-2132-8

Gedruckt bei Polygraf Print, Čapajevova 44, 08001 Prešov, Slowakei

www.emf-verlag.de